Made in the USA
Thornton, CO
03/30/24 14:23:54

ad4455c7-626b-4b40-9365-94dbe35f074aR01